DENKE POSITIV!

TRAINING DER LEBENSFÜHRUNG

DENKE POSITIV!

TRAINING DER LEBENSFÜHRUNG

von Dr. med. Raymond Hartmann,
Neurologe und Psychiater

*

*

aufgeschrieben und herausgegeben
von Angelika Wollny-Bauer

Libri

Norderstedt
2000

Die Deutsche Bibliothek - CIP-Einheitsaufnahme:

„DENKE POSITIV! - TRAINING DER LEBENSFÜHRUNG"
Wollny-Bauer, *Angelika* (Herausgeberin) - 1. Auflage
© DSB-Medien, W.-O. und A. Bauer, Stuttgart, 2000
Idee und Gestaltung: Wolfgang-Otto Bauer
Schrift: Times New Roman / Century Gothic
Foto Titelseite: Angelika Wollny-Bauer

Herstellung und Vertrieb:
Libri Books on Demand BoD, Norderstedt
Printed in Germany
ISBN 3-00-005512-6

Inhalt

Vorwort

Es geschah an einem hellen Tag. Wie so oft, es hatte schon nicht gut begonnen, die Zeit drängte - das Unglück nahm seinen Lauf. „Schnell, noch über die nächste Kreuzung, dann ...".

Da hatte es gekracht, der Unfall beendete viele Träume. Erwacht stellte ich fest, daß ich überlebt hatte, obwohl es hätte viel schlimmer kommen können. Aber es kam doch schlimmer. Die Angstgefühle bedrohten mich auf Schritt und Tritt. Niemand konnte mir helfen. Niemand?

Doch, ich fand in Herrn Dr. med. Raymond Hartmann einen unermüdlichen Arzt, Berater und Helfer. Er ließ es nicht an Wohlwollen, aber auch nicht an Strenge fehlen, um mich wieder auf die richtige Bahn zu bringen. „Mit richtigem Denken zum guten Weg", so sein Motto.

Die vielen guten Gedanken, Trainingsanweisungen und Merkhilfen für meine Lebensführung sollen nicht nur mir, sondern auch anderen Betroffenen, Lesern und Freunden seiner Arbeit dienen. Deshalb lege ich mit den folgenden Seiten ihm zur Ehre die von mir aufgezeichneten Gedanken und Weisheiten vor.

Stuttgart, im Mai 2000

A. Wollny-Bauer

Einleitung

Das Titelbild - viele kannten ihn so, wie er hinter seinem Schreibtisch saß, mit einem feinen Lächeln im Gesicht. Mit gewohnter Güte und Liebenswürdigkeit empfing er seine Patienten. Wie kann man dem Leser einen Begriff von der Güte und Sanftmut seiner Seele geben? Jemand hat mir einmal bedeutet, wie schwer es sei, eine große Persönlichkeit näher kennenzulernen. In dem Augenblick, in dem ich mich entschloß, die Kernsätze aus vielen Begegnungen aufzuschreiben, wuchs meine Bewunderung. Andächtig sog ich auf, was er mir mitteilte. Mit Bedauern stelle ich fest, daß ich anfangs zu nachlässig mit den Worten umging. Er hat mich gelehrt, selbst mehr auf das zu Sagende zu achten, denn: „Der Weise dreht siebenmal die Zunge herum bevor er spricht".

Deshalb trage ich Verantwortung für das von mir Festgehaltene, Geschriebene - weitergegeben als Leit- und Merksätze von einem „Weisen". Sein Wesen und Denken verströmt in einer nach Orientierung dürstenden Zeit wahre Menschenliebe und Hoffnung für die Zukunft.

Angelika Wollny-Bauer

GLÜCK

Der Sinn des Lebens ist glücklich zu sein.

Das Glück ist kein Geschenk.

Das Glück ist harte Arbeit.

Jeder ist seines Glückes Schmied.

Ich muß nur wissen, was ich will, unglücklich sein oder

glücklich.

Nur wer Hindernisse und Probleme gemeistert hat,

kann das Glück empfinden.

Ohne Überwindung gibt es keine Prämie (keine innere

Zufriedenheit).

Das Glück ist die Überwindungsprämie.

Der Barometer der Taten ist das Gefühl, das

zurückbleibt.

Loben wenn ich etwas Gutes, d. h. Lobenswertes getan

habe.

Sich jeden Tag belohnen.

Bei jedem Erfolg sich freuen.

Ich muß an mich selber glauben und nicht an andere.

Der Mensch ist ein Lehrling,

der Schmerz der Lehrmeister

und niemand kann sich freuen,

bevor er nicht gelitten hat.

Es gibt nichts Gutes ohne Schmerz.

Das Bessere ist der Feind des Guten.

Das Beste ist oft das Schmerzhafteste.

Das Gute ist besser als das Beste.

Anstatt mit *vielen* Kleinigkeiten unzufrieden zu sein,

kann man mit *wenig* Kleinigkeiten glücklich sein.

Es ist leichter und schöner das Leben *zu geniessen* als

zu leiden.

GEFÜHLE

Das Gefühl ist immer schneller als der Gedanke.

Sobald ein Gedanke kommt, weiß ich, es ist kein

Gedanke, sondern nur ein Gefühl.

Ich beobachte und finde es selbst heraus.

Gefühle kontrollieren:

Ich brauche meinen Kopf, um die Gefühle zu ordnen
und die Gefühle zu beherrschen und mich nicht von den
Gefühlen beherrschen zu lassen.

Ich muß die Gefühle
von meinen Gedanken lenken lassen.

Ich muß mein Wissen gegen das falsche Fühlen
einsetzen.

Ich darf mich nicht von den negativen Gefühlen
beherrschen lassen.

Die schlechten Gefühle nicht zulassen um die guten
Gefühle besser geniessen zu können.

FAZIT: Jedesmal wenn ich denke, bevor ich handle,
geht es mir gut!

Ich werde mich fühlen wie ich handle - gut oder
schlecht.

Wenn ich mich wohlfühle, habe ich richtig gehandelt

Wenn ich mich *nicht* wohlfühle, habe ich falsch
gehandelt und muß ich überlegen,
was ich *falsch* gemacht habe.

AGGRESSION

Jedesmal wenn ich mich schwach fühle, war ich
aggressiv.

Die Ursache des Schwächegefühls ist immer eine
Aggression.

FAZIT: Wenn ich meine Schwächegefühle ablegen
will, muß ich nach der Ursache der
Aggression suchen.

Sobald ich ein negatives Gefühl habe, wozu auch die
WUT und der HASS gehören, muß ich in der
Handlung stoppen und zu überlegen beginnen.

Sobald ich zu denken anfange,
werden die negativen Gefühle wie Wut, Hass, Gewalt,
Schuldgefühle und Aggression verschwinden.

ICH DENKE: Du bist ein negatives Gefühl, ich bin
stärker.

Schuldgefühle bewirken nichts Gutes.

Schuldgefühle führen mich nur in die Vergangenheit
zurück und hindern mich daran, die Zukunft zu lenken.

Es gibt nichts Gutes außer man tut es.

Um so freier ich bin, um so mehr kann ich Gutes tun;

kann tun und lassen was ich will.

Wenn ich anderen etwas Gutes tue, tue ich auch mir

GUTES und es geht mir besser.

Wenn ich Gutes tue für andere, bin ich auch gut zu mir.

Dann verschwindet die Aggression und die Angst.

Der Schlüssel zur Angstbewältigung ist

DAS DENKEN.

Ich will meine Kraft nicht vergeuden und mich

unglücklich machen, sondern meine Kraft dazu

benützen, um zu geniessen!

DENKEN

Denken und positiv handeln ist das WICHTIGSTE.

Der Beweis des Willens ist die Tat.

Der Barometer der Taten ist das Gefühl, das

zurückbleibt. Der Erfolg ist kein Barometer.

Wichtig ist, durch die Motivation zum Erfolg zu
kommen.

Nichtstun ist der Feind der Seele.

Etwas machen ohne Aussicht auf Erfolg.

Arbeite, dann hast du keine Schmerzen.

FAZIT: jedesmal wenn ich denke bevor ich handle,
geht es mir gut!

FAZIT: Und jedesmal wenn ich handle, bevor ich
denke, geht es mir schlecht!

FAZIT: WENN ICH jeden Tag mich loben soll, muß
ich auch etwas Lobenswertes tun.

Wer Gutes tut, muß es nicht an die große Glocke
hängen.

FREIHEIT

Die Freiheit ist nicht so schwer, im Gegenteil wenn
man frei ist, kann man sich mehr gehen lassen.

Freiheit ist: das zu wollen, was man tut.

Freiheit ist das zu tun, was für einen selbst richtig ist.

Freiheit ist nicht das zu tun, wozu man Lust hat (da ist man unfrei).

Freiheit ist sicherer als Unfreiheit.

Zwangsgedanken sind die Folge der Unfreiheit.

Ich gebe niemals auf und glaube an mich.

Ich soll nie verzweifeln.

Ich weiß, was ich wert bin.

Für jedes Problem gibt es eine Lösung.

Ich höre auf niemanden, nur auf mich selbst
und auf das, was ich gerne tue.

Freiheit ist das zu wollen, was man tut.

Ich muß erkennen, was für mich selbst gut ist.

Ich muß mein Leben selbst in die Hände nehmen.

Ich muß mich entscheiden für GLÜCK oder Unglück.

Freiheit ist nicht das zu tun, wozu man Lust hat
(da ist man unfrei).

DIE ILLUSION ist nicht die WIRKLICHKEIT.

Ich muß mich zum WOLLEN zwingen.

Ich muß vorher denken, vor jeder Tat.

Ich schaffe es, *weil* ich es WILL.

Ich schaffe es, *wenn* ich es WILL.

Ich will, also kann ich.

Ich kann, wenn ich will.

Ich muß macht alles schwer,

Ich WILL macht alles leicht.

Ich bin stark,

wenn ich nur für mich und NIE GEGEN JEMAND tue

und handle.

Ich muß mich akzeptieren.

Ich muß mein Wissen

gegen das falsche Fühlen einsetzen.

Ich werde mich fühlen wie ich denke und handle -

gut oder schlecht.

Ich helfe mehr, durch die Bereitschaft

als durch das Handeln.

Ich will WOLLEN.

In den Tag hinein leben

nicht denken, was wird morgen.

Ich kann nur froh sein, wenn ich frei bin.

Ich nehme mir die Freiheit, deshalb bin ich unfrei.

Ich kann nur frei sein, d.h. nur froh sein, wenn ich

selbst entscheide - ohne Entschuldigung.

Jeder kann tun und lassen was er will.

Er muß nur wissen was er will.

Niemand kann mich gegen meinen Willen zwingen.

Nur auf den Augenblick leben und auf mich selbst

konzentrieren.

Ich soll nicht nach Perfektionsmus trachten, man kann

nicht immer das Beste wollen.

Nie gegen Jemand - nur für sich.

Nichtstun ist der Feind der Seele.

Nur wenn man agiert, lebt man.

In Zukunft will ich vor einer Entscheidung diese

unbedingt überdenken.

Nur wer Hindernisse und Probleme gemeistert hat,

kann das Glück empfinden.

Je mehr Kraft es kostet, um so mehr Kraft

bekomme ich zurück.

Ohne Überwindung gibt es keine Prämie

(keine innere Zufriedenheit).

ANGST

Schlechte Gedanken machen mir nur Angst.

Angst ist unehrlich und deshalb eine Folge der

Unehrlichkeit: die Selbstbestrafung.

Selbsthaß ist die Ursache der Angst.

Sobald ich ein negatives Gefühl habe, wozu auch die

Wut und der Hass gehören, muß ich in der Handlung

stoppen und zu überlegen beginnen.

Sobald ich zu denken anfange, werden die negativen

Gefühle wie WUT, Hass, Gewalt, Schuldgefühle,

Aggression verschwinden.

Solange ich nicht denken kann, kann ich mein (oder ein

Problem) nicht lösen.

Um so freier ich bin, um so mehr kann ich Gutes tun
und kann tun und lassen was ich will.
Umgekehrt, wenn ich jemanden die Freiheit nehme,
sperre ich mich selber ein.

Wenn ich mich wohlfühle, habe ich richtig gehandelt.
Wenn ich mich nicht wohlfühle, muß ich überlegen,
was ich falsch gemacht habe.
Wenn ich richtig denke und handle geht es mir besser.

Wenn ich versuche andere Menschen zu erniedrigen,
erniedrige ICH *mich* SELBST.
Wenn ich weiß, was ich will, muß ich auch bereit sein
die Konsequenzen zu tragen.
Ich existiere nur, wenn ich handle.
Ich muss die Gefühle von meinen Gedanken lenken
lassen.
Wollen ist ehrliches TUN.
Zuerst: Denken bevor ich handle.

LEBEN

Es gibt kein Leben ohne Probleme.

Das Leben als solches ist ein Problem von Anfang bis

zum Ende.

Das Leben ist ein einziges Problem.

Das Leben ist nur da, um Probleme zu lösen.

Das Probleme lösen macht Freude.

Ich muß leben wollen.

Ich weiß nicht, wie schön das Leben ist.

Der Tod ist Nichtstun.

Der Sinn des Lebens ist glücklich zu sein.

Das Ziel ist geliebt zu werden.

Ich muß mich lieben und die anderen.

Die beste Nächstenliebe ist, wenn man Egoist ist.

Ich mache mir selber Angst.

Ich will die anderen zwingen mich zu lieben und

erreiche das Gegenteil: Hass.

Die Angst ist Hass.

Hass ruft Hass hervor.

Hassen und LIEBEN zugleich geht nicht!

Ich mache mir das Leben zur Hölle.

ICH WEISS WAS ICH WERT BIN.

In den Tag hinein leben - nicht denken, was wird

morgen.

Ich muß das Leben geniessen.

Jedesmal wenn ich Selbsthass und deren Auswirkungen

spüre - ersetzen mit „Ich LIEBE mich".

Leben heißt geniessen.

Leben ist Bewegung.

Leben ist das Lösen von Problemen.

Nur auf den Augenblick leben und auf mich selbst

konzentrieren.

Nur der Starke kann gelassen sein.

Nur wenn man agiert, lebt man.

Ohne Überwindung gibt es keine Prämie (keine innere

Zufriedenheit).

Schuldgefühle führen nur in die Vergangenheit zurück

und hindern mich daran, die Zukunft zu lenken.

Wenn ich aggressiv bin, sage ich NEIN zum Leben.

Wenn ich anderen etwas Gutes tue, tue ich mir auch
GUTES und es geht mir besser.
Wenn ich andere liebe, kann ich den Hass vergessen.
Wer Hass sät, erntet ihn auch.
Wer Liebe will, muß Liebe säen, vergeben.
Wie liebe ich mich selbst: Indem ich die anderen liebe
und Liebesbeweise gebe.

Ich kann - ich will - ich muß

Ich kann, wenn ich will.
Ich mache mir bewußt, worin der eigene Selbstwert
besteht.
ICH WEIß, WAS ICH WERT BIN.
Ich muß mich akzeptieren.

Ich muß mich lieben und die anderen.
Ich muß mein Wissen gegen das falsche Fühlen
einsetzen.

Ich muß mein Schicksal selbst in die Hände nehmen.

Wenn ich nicht erwachsen werden will, bleibe ich

immer unglücklich.

Ich muß mich entscheiden für GLÜCK oder

UNGLÜCK.

Ich muß vorher denken, vor jeder Tat.

Ich muß mich zum Wollen zwingen.

Wollen ist ehrliches TUN.

Ich will meine Kraft nicht vergeuden und mich

unglücklich machen, sondern meine Kraft dazu

benützen, um zu geniessen!

Ich will WOLLEN.

Ich muß leben wollen.

Ich tue, was ich will.

Ich schaffe es, weil ich es WILL.

Ich schaffe es, wenn ich es will.

Wenn ich nicht will, werde ich schwach.

Nichtstun ist der Feind der Seele.

Ich soll meine Zeit nicht vergeuden, sondern benützen
für mich selbst.

Ich muß macht alles schwer.
Ich will macht alles leichter.

Ich muß wissen was ich will, unglücklich oder
glücklich zu werden.

Ich soll anfangen froh zu sein, mich freuen anstatt mich
zu ärgern.
Ich werde mich fühlen wie ich handle - gut oder
schlecht.

Ich zwinge andere, das zu tun, was ich will.
Ich nehme mir die Freiheit, deshalb bin ich unfrei.
In Wirklichkeit verletze ich mich selber.
Frust ist das, was ich nicht erzwingen kann.
Niemand kann mich gegen meinen Willen zwingen.

SCHMERZ

Es gibt nichts GUTES ohne SCHMERZ.

Der Mensch ist ein Lehrling, der Schmerz der
Lehrmeister und niemand kann sich freuen, wenn er
nicht gelitten hat.

Arbeite, dann hast du keine Schmerzen.

Der Schmerz ist für den Körper das, was die Angst für
die Seele ist.

Die VERLUSTANGST macht mich aggressiv.

Zwangsgedanken sind die Folge der Unfreiheit.

Durch die Aggression verletze ich andere und bin dann
durch deren Reaktion wieder verletzt.

Eine Aggression ist immer auch gegen mich gerichtet
und sollte mir zeigen, daß ich mich schwach fühle,
denn jedesmal wenn ich aggressiv bin, schwäche ich
mich selbst.

FAZIT: Jede Aggression ist eine Selbstbestrafung, die
mich immer mehr krank macht.

Eine Lüge ist eine bewußte falsche Aussage um
jemanden zu schaden.

Es ist besser zu wissen, warum es einem schlecht geht,

als es nicht zu wissen.

FAZIT: Und jedesmal wenn ich handle, bevor ich

denke, geht es mir schlecht.

Ich bin nur verletzt, wenn ich es will und zulasse.

Ich denke: Du bist ein negatives Gefühl, ich bin stärker.

Es ist leichter und schöner zu geniessen als zu leiden.

GEWALT

Gewaltanwendungen kosten viel, viel Kraft.

Gewalt ist immer falsch, weil sie eine Gegengewalt

auslöst.

Ich fühle mich schwach, deshalb brauche ich Macht,

um mich zu bestätigen und wer Macht ausübt ist

schwach.

Wer Macht braucht, ist schwach.

Ich brauche mehr Kraft um Macht zu erreichen, als ich

brauche um mich durchzusetzen.

Ich darf auch schwach sein und muß nicht immer stark

sein.

Aggression ist nur meine letzte Kraft, die ich brauche,
wenn ich überfordert bin.

Ich brauche mich nicht zu wehren.
Ich setze mich besser in Ruhe durch.
Ich gehe leicht von einer schwachen gewaltsamen in die
starke gewaltlose Zeit.
Ich mache eine Rundumverteidigung und den Feind in
mir kann ich so nicht treffen.

Ich mache mir bewußt, worin der eigene Selbstwert
besteht.
Ich weiß, was ich wert bin.
Ich will meine Kraft nicht vergeuden und mich
unglücklich machen, sondern meine Kraft dazu
benützen, um zu geniessen!

Ich will nicht mein Recht, sondern nur Recht haben
gegen die anderen.
Ich zwinge andere, das zu tun, was ich will.

Ich nehme mir die Freiheit, deshalb bin ich unfrei.

Macht ist nicht dasselbe wie Kraft.

Macht ist nicht Kraft und Kraft ist nicht Macht,

sondern Gelassenheit.

Macht macht Ärger und wer Macht ausübt ist schwach.

Macht macht schwach.

Wer auf sein Recht pocht, belügt sich.

Wer Macht braucht, ist schwach.

Wer stark ist, braucht keine Macht.

Macht ist die Kraft der Schwachen.

Wenn ich nicht will, werde ich schwach.

Wer stark ist, braucht keine Macht.

Nur der Starke kann gelassen sein.

Wut ist unsere letzte Kraft.

Wut ist Ohnmacht.

Wer nicht für mich ist, ist gegen mich.

Wenn man nein sagt, ist man dagegen.

Wenn man sich versöhnt zeigt, hat man Kraft.

Wenn ich mich gehen lasse, lasse ich die Kraft los.

LEBEN

Das Leben als solches ist ein Problem von Anfang bis
zum Ende.

Das Leben ist ein einziges Problem.

Das Leben ist nur da, um Probleme zu lösen.

Das Probleme lösen macht Freude.

Das Ziel ist geliebt zu werden.

Der Sinn des Lebens ist glücklich zu sein.

Ich gehe den richtigen Weg.

Ich gehe den leichten Weg.

Sollte mir der leichte Weg wieder schwer vorkommen,
muß ich nur eines tun: LOSLASSEN.

Es ging mir schon früher sehr schlecht - ich wußte nur
nicht warum.

Deshalb geht es mir heute schon besser.

Ich weiß jetzt, warum ich ANGST habe oder überhaupt
warum.

Ich muß jetzt nur alle Dinge in kleinen Schritten
ordnen.

Ich habe mehr Glück im Unglück.

Ich werde mich sicherlich noch sehr freuen.

Der einzige Weg zur Freiheit heißt und ist:

LOSLASSEN von allem, was mich unglücklich macht.

Die Angst loslassen.

Die Angst ist Hass.

Die beste Nächstenliebe ist, wenn man Egoist ist.

Die Freiheit ist nicht so schwer, im Gegenteil wenn

man frei ist, kann man sich mehr gehen lassen.

Die Zwangsgedanken sind die Folge der Unfreiheit.

Es gibt kein Leben ohne Probleme.

FREIHEIT

Freiheit ist das zu wollen, was man tut.

Freiheit ist nicht das zu tun, wozu man Lust hat (da ist

man unfrei).

Freiheit ist sicherer als Unfreiheit.

Hass ruft Hass hervor.

Hassen und LIEBEN *zugleich* geht nicht!

Ich mache mir das Leben zur Hölle.

Ich mache mir selber Angst. Ich will die anderen

zwingen mich zu lieben und erreiche das Gegenteil:

Hass.

Ich muß leben wollen.

Ich muß mich lieben und die anderen.

Ich weiß nicht, wie schön das Leben ist.

ICH WEIß, WAS ICH WERT BIN.

In den Tag hinein leben - nicht denken, was wird

morgen.

Jedesmal wenn ich Selbsthass und deren Auswirkungen

spüre - ersetzen mit „Ich LIEBE mich".

Leben heißt geniessen.

Leben ist das Lösen von Problemen.

Nur auf den Augenblick leben und mich auf mich selbst

konzentrieren.

Nur der Starke kann gelassen sein.

Nur wenn man agiert, lebt man.

Ohne Überwindung gibt es keine Prämie (keine innere

Zufriedenheit).

Schuldgefühle führen nur in die Vergangenheit zurück
und hindern mich daran, die Zukunft zu lenken.
Wenn ich aggressiv bin, sage ich nein zum Leben.
Wenn ich andere liebe, kann ich den Hass vergessen.

Wenn ich anderen was Gutes tue, tue ich mir auch
GUTES und es geht mir besser.
Wer Hass sät, erntet ihn auch.
Wer Liebe will, muß Liebe säen, d. h. geben.
Wie liebe ich mich selbst: Indem ich die anderen Liebe
und Liebesbeweise gebe.
Wie liebe ich mich selbst?

ANGST

Alle Schmerzen sind nur ein Ausdruck von Angst.
Alles was ich tue, tue ich für mich als guter Egoist, aber
nie gegen jemand.
Also: Um so mehr Freiheit ich einem anderen lassen,
um so mehr gewinne auch ich an Freiheit.
Angst entsteht aus meinem Denkfehler.

Die Angst ist immer ein Denkfehler.

Angst ist SCHWÄCHE.

Angst macht mir die Blockade.

ANGSTFREI = AGGRESSIONSFREI und

AGGRESSIONSFREI = ANGSTFREI.

Der Schlüssel zur Angstbewältigung ist:

DAS DENKEN.

Der Schmerz ist für den Körper das, was die Angst für

die Seele ist.

Die Angst ist Hass.

Die VERLUSTANGST macht mich aggressiv.

ICH HABE ANGST,

DIE ANGST ZU VERLIEREN.

Ich habe keine Angst, nur Aggression und die macht

mir Angst.

Ich mache mir das Leben zur Hölle.

Ich mache mir selber Angst.

Ich benütze die Angst um mich mit Macht

durchzusetzen.

Ich will die anderen zwingen,

mich zu lieben und erreiche das Gegenteil: Hass.

Je mehr ich Schuldgefühle habe,

um so mehr bin ich aggressiv gegen mich und die

anderen.

Schlechte Gedanken machen mir nur Angst.

SCHULDGEFÜHLE

Schuld ist Hochmut.

Schuldgefühle bewirken nichts Gutes.

Schuldgefühle führen nur in die Vergangenheit zurück

und hindern mich daran, die Zukunft zu lenken.

Schuldgefühle sind nur eine Aggression.

Wenn ich Angst vor der Zukunft habe, lebe ich nicht

bewußt im Heute, sondern habe vergessen bewußt zu

leben.

Wenn ich Gutes tue für andere, bin ich auch gut zu mir.

Dann verschwindet die Aggression und die Angst.

Wie will ich ganz angstfrei werden?

Aggression (Hass) ist der Feind der Liebe.

Aggression ist ein Schwächezeichen.

Aggression ist Schwäche und die ANGST IST DIE FOLGE DER AGGRESSION.

Der Kampf ist immer Schwäche.

Wut ist die letzte Kraft.

Aggression ist zuerst gegen mich gerichtet

Aggressionen sind ENERGIEVERSCHWENDUNG.

Die Aggression vergeudet die Energie, die dann fehlt, um für mich alleine Positives zu erreichen.

Aggressionen sind verlorene Energie.

Aggressionen, die ich gegen andere führe, schaden nur *mir* selbst.

Die Aggression ist nur eine Verteidigungsmaßnahme.

Wenn ich anfangen würde die Aggression zu hassen, dann ginge es mir besser.

AGGRESSIONSFREI = ANGSTFREI und
ANGSTFREI = AGGRESSIONSFREI

FAZIT: Jede Aggression ist eine Selbstbestrafung, die mich immer mehr krank macht.

Der Mensch ist ein Lehrling, der Schmerz der
Lehrmeister und niemand kann sich freuen, wenn er
nicht gelitten hat.
Der Schmerz ist für den Körper das, was die Angst für
die Seele ist.
Arbeite, dann hast du keine Schmerzen.

Die Hysterie ist eine verkappte Aggression.
Die Hysterie wende ich an, wenn ich nicht mit der
Aggression ans Ziel komme.
Die Ursache des Schwächegefühls ist immer eine
Aggression.
Die VERLUSTANGST macht mich aggressiv.
Die Zwangsgedanken sind die Folge der Unfreiheit.

FAZIT: Du bist ein negatives Gefühl, ich bin stärker.
Durch die Aggression verletze ich andere und bin dann
durch deren Reaktion wieder verletzt.
Eine Aggression ist immer auch gegen mich gerichtet
und sollte mir zeigen, daß ich mich schwach fühle,
denn jedesmal wenn ich aggressiv bin, schwäche ich
mich selbst.

Es ist besser zu wissen,

warum es einem schlecht geht, als es nicht zu wissen.

Es ist leichter und schöner zu geniessen als zu leiden.

FAZIT: Und jedesmal wenn ich handle, bevor ich

denke, geht es mir schlecht.

FAZIT: Wenn ich meine Schwächegefühle ablegen

will, muss ich nach der Ursache der

Aggression suchen.

Gewaltanwendungen kosten viel, viel Kraft.

Hysterie ist keine Krankheit, sondern ein selbst

induzierter Zustand, der wie jede Hysterie ein Ziel

verfolgt und etwas erreichen will.

Ich bin aggressiv gegen die anderen und dadurch bin

ich auch aggressiv gegen mich selbst.

Ich bin nur verletzt, wenn ich es will und zulasse.

Ich bin stark heißt: ich brauche keine Wut.

Ich habe keine Angst, nur Aggression und die macht

mir Angst.

Ich mache eine Rundumverteidigung und den Feind in

mir kann ich so nicht treffen.

Aggression ist nur meine letzte Kraft, die ich brauche,
wenn ich überfordert bin.

Mit jeder Aggression bestrafe ich *mich* SELBST.
Nicht die anderen bestrafe ich, sondern ich bestrafe
mich selbst zuerst.

Wenn mich jemand angreift, bevor ich darauf reagiere:
Daran denken, daß jede Aggression auch gegen *sich*
gerichtet ist, also daß der mich angreift auch *sich selbst*
etwas vorwirft.
Wenn ich mich verletzt fühle, muß ich nachdenken, ob
es überhaupt eine Verletzung ist.
Hinweis: Auf Aggression nur mit einer Frage reagieren.

Sobald ich zu denken anfange, werden die negativen
Gefühle wie Wut, Hass, Gewalt,
Schuldgefühle und Aggression verschwinden.
Wenn ich aggressiv bin, erreiche ich gerade das
GEGENTEIL von dem, was ich will.
Denn jede Aggression ruft eine Gegenaggression
hervor!

NICHT UND NIE VERTEIDIGEN

Wenn ich Gutes tue für andere,

bin ich auch gut zu mir.

ICH muß ich sein.

Ich darf froh sein, weil ich richtig gehandelt habe.

Dann verschwindet die Aggression und die Angst.

WER Hass SÄT, ERNTET IHN AUCH.

Wut ist unsere letzte Kraft. Wut ist Ohnmacht.

Wenn ich aggressiv bin, sage ich nein zum Leben.

Sadismus ist wie eine Sucht, die immer mehr will und

mir immer weniger Selbstwert gibt.

RICHTIG DENKEN

Erwachsen sein heißt: RICHTIG DENKEN.

Richtiges Denken ist der Schlüssel zum Glücklichsein.

Wenn ich richtig denke, habe ich keinen Grund Angst

zu haben.

Man soll nie alles sagen, was man denkt, aber man soll
alles denken, was man sagt - das ist die Wahrheit.

Also muß man zuerst denken, bevor man handelt.
Wenn ich richtig denke, habe ich auch keinen Grund
Schuldgefühle zu haben.
Die negativen Gefühle schalten mein Denkvermögen
ab.
Also: Wenn ich mich nur von den Gefühlen lenken
lasse, bin ich nicht erwachsen.

Ich muß mich annehmen wollen.
Ich muß mich lieben.
Die anderen sind mir gleichgültig.
Die anderen existieren nicht für mich.

Nichtstun ist der Feind der Seele.
Nichtstun macht müde. Um so weniger ich tue, um so
schlechter geht's mir.
Der Geist, der stets verneint, ist der Teufel.

Ich bin ein VERSAGER, weil ich nichts durchsetze.

Ich versage, weil ich Angst habe.

Ich ziehe die Probleme an.

Denn wenn ich aggressiv bin, handle ich negativ.

Ich bin eine Negation.

Ich muß nicht negativ sein, ich soll positiv handeln.

Ich schaffe es, wenn ich es will.

Ich kann *nicht* nichts tun.

Ich existiere nicht.

Ich bin nur der Schatten einer Handlung und deshalb
habe ich Angst.

Handeln = positiv wirken - einfach tun.

Aggression ist eine Gewaltanwendung.

Der Krückstock ist mein Kopf. Ich zwinge die Leute
mir zu helfen.

Ich will Pfadfinder sein und jeden Tag eine gute Tat
vollbringen, anstatt anzugreifen und aggressiv zu sein.

Ich bin ein typischer NEIN-SAGER.

Ich sage immer NEIN.

Wenn ich immer JA sagen würde - wäre ich geheilt.

Der Vater hat die Nabelschnur durchgetrennt, damit ich
erwachsen werden kann.

Ich will mich bei meinem Vater bedanken, daß ich jetzt
erwachsen werden kann.

Ich soll meinem Vater nicht weiter unrecht tun und
erwachsen werden.

Ich soll ihm zeigen, daß er der liebste Vater ist, daß er
sich nicht wegen mir schämen muß.

Ich fange an JA zu sagen.

Ich fange einmal an JA zu sagen.

Ich sage jetzt JA zu der Ruhe.

Die Ruhe muß mit Kraft und Gewalt gegen sich selbst
- und nicht gegen einen anderen - erkämpft werden.

WUT

Wut ist eine Ohnmachtsbekundung. Ich zeige allen
Menschen, daß ich ohnmächtig bin.
Ich habe Wut gegen alles, weil andere nicht nach
meiner Pfeife tanzen.

Ich kann nichts verändern, wenn ich es nicht zugebe.
Die WAHRHEIT hat immer VORRECHT.
Wenn ich zugebe, komme ich aus den Prüfungen -
gestärkt und selbstsicherer - hervor.
Meine Wut ist nur ein Zeichen meiner
Selbstunsicherheit und meiner Schwäche.

Ich wehre mich gegen Windmühlen.
ZUGEBEN ohne WENN und ABER.

Ich kämpfe gegen die Leute, die keinen Fehler machen.

Ich will nur Recht behalten.
Ich will mich für die Vergangenheit entschuldigen,
damit ich in der Zukunft dieselben FEHLER mache.

JA-SAGEN.

Ich soll mich endlich zum JA -SAGER entwickeln.

Ich brauche es nur zu tun.

Weil ich NEIN- SAGE, habe ich ein schlechtes
Selbstwertgefühl.

Gerade das JA-SAGEN würde das Selbstwertgefühl
stärken.

Ich soll die andern sein lassen und ich soll Egoist sein.

Ich soll das Leben genießen anstatt sich es mir von den
anderen kaputt machen zu lassen.

Nur für sich - nie gegen jemand.

Nur allein leben - ist im JA-LEBEN.

Ich gebe auf, bevor ich angefangen habe.

Ich will das NICHT aus dem Gedankengut streichen.

NICHT existiert NICHT. Nur JA-SAGEN.

Wie kann ich positiv denken, wenn ich negativ
spreche?

Wer nicht alleine leben kann, ist auch nicht im Stande
alleine zu leben.

Wer nicht allein leben kann, existiert nicht.

Wenn ich mich benachteiligt fühle, bin ich aggressiv

Ich setze mich selber als minderwertig herunter.

Ich kann kein Geschenk fordern.

Ein Geschenk ist freiwillig.

Ich habe ein Geschäft daraus gemacht.

Es war falsch ein Geschenk zu fordern.

Ich fühle mich schuldig, weil ich glaube, was die

anderen sagen und es akzeptiere.

Ich fühle mich nur schuldig, weil ich mich schuldig

fühle und nicht weil die anderen es sagen.

Niemand ist schuldig.

Ich muß und kann mein Schicksal, mein Leben selbst in

die Hand nehmen.

Nur wenn ich richtig denke - kann ich richtig handeln.

Nichtstun ist der Feind der Seele.

Aggression ist ein Schwächezeichen.

Durch die Aggression verletze ich andere und bin dann
durch die Reaktion wieder verletzt.
In Wirklichkeit verletze ich mich selber.
Aggression = Hass. Hass ist der Feind der LIEBE.

Ich will lieber nicht leben, also nicht geliebt werden.
Das Ziel ist geliebt zu werden.
Mein Weg geht aber in der falschen, gegenseitigen
Richtung. Je mehr ich die Leute zwingen will, sie zu
lieben, um so weniger werde ich es erreichen.

Der richtige Weg ist: Sich selber zu lieben und diese
Liebe weiter zu verschenken. Man bekommt nur das,
was man gibt.

LIEBE

Wer Hass sät, erntet ihn auch. Wer Liebe will, muß
Liebe säen - geben.
Ich bin aggressiv gegen die anderen und dadurch bin
ich auch aggressiv gegen mich selbst.

Wenn ich Gutes tun kann und gut mit anderen bin, tue
ich auch Gutes für mich, dann verschwindet die
Aggression.

Ich habe keine Angst, nur AGGRESSION und die
Aggressionen machen mir Angst.
Ich mache mir selber Angst.
Ich will andere zwingen, mich zu lieben und erreiche
das Gegenteil - Hass.
Hass ruft Hass hervor.
Fazit: Jedesmal wenn ich fühle, daß ich aggressiv
werden will, also wenn ich die Wut in mir
aufwallen fühle, dann denke ich: Warum fühlst
du dich minderwertig?

Warum bin ich aggressiv?

Weil ich mich minderwertig fühle.
ALSO: Ich will nicht mehr aggressiv sein.

Ich bin nie mehr aggressiv, weil ich mich sonst
minderwertig fühle und dann werde ich noch mehr
aggressiv.

Jeder Mensch ist 100%.
Also kann ich nicht minderwertig sein.
Sobald ich mich wehre, gebe ich zu, daß ich mich
minderwertig fühle.

Wenn ich richtig denke, habe ich auch keinen Grund
Schuldgefühle zu haben.
Also: wenn ich mich nur von den Gefühlen lenken
lasse, bin ich nicht erwachsen.

Ich habe in der Illusion gelebt, glücklich sein zu wollen.
Die Illusion ist nicht die Wirklichkeit.
D.h. ich will nicht glücklich sein und wehre mich
dagegen.

Ich habe Angst, die Angst zu verlieren.

Warum hat man Angst?

Weil ich die anderen hasse.

Die Angst ist Hass.

Ich soll endlich anfangen, zu leben, indem ich JA sage.

Lebenstraining heißt: Schwierigkeiten langsam, aber

sicher zu steigern.

Der Mensch ist ein Lehrling.

Der Schmerz ist sein Lehrmeister, und niemand kann

sich kennen, solange er nicht gelitten hat.

Ich will nicht aggressiv sein.

Wenn ich aggressiv bin, ist es nur deswegen, weil ich

mich angegriffen fühle.

Die Aggression ist ein Zugeständnis anderen

gegenüber.

Aggression ist ein Zeichen meiner Schwäche,

und mit Schwäche kann man sich nicht durchsetzen.

Es lohnt sich nicht, aggressiv zu sein.

Es schadet immer.

Schuldgefühle machen mich aggressiv.

Schuldgefühle sind Sucht.

Und jede Sucht macht willenlos.

Sadismus ist der Genuß der Aggression.

Sadismus ist wie eine Sucht, die immer mehr will und

mir immer weniger Selbstwert gibt.

Ich mache mir Schuldgefühle,

damit ich aggressiv sein kann.

Ich bin unglücklich, deshalb bin ich aggressiv.

Aggression ist nur ein Schwächebekenntnis.

Aggression ist immer eine Selbstlüge, weil man glaubt,

stark zu sein.

Aggressionen sind Verspannungen.

Ob ich angegriffen werde oder nicht, ist dabei

unwichtig.

Ich soll einfach sagen: „Ja, du hast recht!"

Fragen ist nutzlos und schädlich.

Wenn ich alle Aggressionen in gute Taten umsetze,

habe ich die Aggression los.

Dann bin ich glücklich.

Ich soll mich lieben.

Nur den Antrieb, den ich habe,

in Gutes tun, umsetzen = einfach tun.

Nur der Starke kann den eigenen Fehler zugeben, der

Schwache nicht.

Ich will positiv denken

Die Wahrheit ist weder schwarz noch rosarot, sondern

durchsichtig.

Man muß sich nie wehren.

Denn, man kann sich nur gegen jemand anderes

wehren.

Wenn ich mich stark fühle,

brauche ich mich nicht zu wehren.

Wenn ich mich wehre, fühle ich mich schwach.

Ich fühle mich gezwungen,

d.h. daß ich mich unterlegen fühle.

Sich wehren ist Aggression.

Ich gelte weniger, wenn ich mich wehre, als wenn ich

mich nicht wehre.

Ich muß meinen Kopf, mein Denkvermögen benützen,

dann brauche ich keine Aggression.

Man kann sich auch ohne Gewalt durchsetzen - mit

Intelligenz.

Ich muß denken.

Ich brauche nicht zu kämpfen.

Erst dann bin ich stark, wenn ich meine Schwäche

zugeben kann.

Ich wehre mich nur, weil ich mich schwach fühle.

Wenn ich mich angegriffen fühle,

gebe ich mich schon geschlagen.

Ich fühle mich schwach und zeige damit den anderen,
daß ich mich schwach fühle und daß ich schwach bin.

Ich bin nur aggressiv,
um die überschüssige Kraft loszuwerden.
Aggression ist meine letzte Kraft.
Wenn ich aggressiv bin, glaube ich mich nicht ohne
Aggression durchsetzen zu können.
Es sind meine letzten Reserven, die ich anwende.
Es ist viel aufregender, sich aufzuregen, als zu
DENKEN.

Sobald ich denke,
verliere ich die Aggression - die Aufregung.
Sobald ich mich aufrege, gebe ich zu, daß ich mich
besiegt fühle.

Jeder ist gleich wert

Jeder Mensch kann normal denken.
Um denken zu können, *muß man* denken.
Das Denken ist den Gefühlen überlegen.

Das Denken muß die negativen Gefühle kontrollieren.

Das Leben fängt dann an.

Denn ich lebe, WENN ICH WILL.

Ich will - ohne Wenn und Aber.

Warum habe ich Angst?

Weil ich aggressiv bin.

Warum bin ich aggressiv?

Weil ich Angst habe.

Ein Teufelskreis.

Ich muß den Teufelskreis durchbrechen.

Die Angst ist meine Entschuldigung.

Ich *will* nicht, deshalb suche ich eine Entschuldigung.

Ich finde in der Angst die Entschuldigung um nicht zu

wollen.

Die Angst ist Selbstbetrug.

Nie gegen jemand, immer nur für sich tun.

Die Leute verwechseln immer recht haben und recht

bekommen.

Ich will nur Recht haben und bekommen, das ist meine
Aggression.

Wer recht haben will, fühlt sich klein.

Wenn ich recht habe, brauche ich nicht Recht zu
bekommen.

Ich weiß, was ich wert bin.

Ich brauche nur die Wahrheit zu sagen.

Wenn ich mich benachteiligt fühle, bin ich aggressiv.

Ich setze mich selber als minderwertig herunter.

Je mehr ich Schuldgefühle habe, um so mehr bin ich
aggressiv gegen mich und die anderen.

Ich mache eine Rundumverteidigung und den Feind in
mir kann ich so nicht treffen.

Aggression ist nur meine letzte Kraft, die ich brauche,
wenn ich überfordert bin.

Wenn ich aggressiv bin, baue ich mir mein eigenes
Gefängnis.

Wie komme ich da heraus?

Indem ich nicht mehr kämpfe, überhaupt nicht kämpfe.

Ich entschuldige mich, indem ich andere beschuldige.

Ich lebe nur von den anderen.

Ich fühle mich schuldig, weil ich glaube, was die
anderen sagen und es akzeptiere.

Niemand ist schuldig.

Jeder ist seines Glückes Schmied.

Ich mache mir bewußt, worin der eigene Selbstwert
besteht.

Ich und jeder kann sein Schicksal - sein Leben selbst in
die Hand nehmen.

Nur wenn ich richtig denke, kann ich auch richtig
handeln.

Man bekommt nur das, was man gibt.

Je mehr Kraft es kostet,

um so mehr Kraft bekomme ich zurück.

Kraft aufwenden heißt: " KRAFTGEWINN".

Loslassen ist leichter.

Loslassen ist wichtig.

Training ist Kraftanwendung, die mir wieder Kraft gibt.

Üben und trainieren heißt die Kraft anwenden und nicht

sich mit Gewaltanwendungen zu erschöpfen.

Man kann nie sagen, ich habe gewollt, solange man es

nicht getan hat.

Man kann nur wissen, daß man gewollt hat, wenn man

es getan hat.

Man lebt nur, wenn man handelt.

Man muß nicht immer nur tun, zu was man Lust hat,

sondern man kann auch wollen etwas zu tun, zu was

man eigentlich keine Lust hat.

Meine Goldmedaille hat zwei Inschriften:

Auf der einen Seite Freiheit und auf der anderen die

Verantwortung.

VADE RETRO SATANAS

heißt: „Weiche zurück, SATAN!"

Es gibt mehr gute Menschen als böse.

Die bösen machen viel Lärm.

Die guten sind mit sich zufrieden und deshalb brauchen

sie keinen Lärm um zu existieren.

Vor dem Handeln kommt die Erkenntnis.

Man muß wissen, was man will und dann kann man

auch das Richtige tun.

Wenn ich mich belüge, akzeptiere ich mich nicht.

Weil ich nicht ehrlich bin mit den anderen, kann ich

auch nicht ehrlich zu mir selber sein.

Wenn ich mein Selbstwertgefühl so erreichen will,

indem ich die anderen kleiner mache, dann werde ich es

nie erreichen.

Ich muss anfangen, ich selbst zu sein und nicht die

Schuld auf andere abzuladen.

Ich brauche nur die Wahrheit zu sagen.

Nichts ist so schwer zu ertragen wie die Wahrheit,

wenn man gewohnt ist, die Unwahrheit zu leben.

Je weniger man die Wahrheit ertragen kann, um so

mehr ist man fähig für jede LÜGE.

Wie will ich ganz angstfrei werden?
Immer, wenn ich etwas nicht will, geht es mir schlecht.

Ein positiver Mensch kennt das Wort _nicht_ nicht.

Der Mißerfolg ist normal.
Den Mißerfolg als vorprogrammiert sehen und alles
machen, daß es ein Erfolg wird.
Dann bin ich weniger enttäuscht und habe weniger
Frustration.

Bei jedem Erfolg sich freuen.

Wenn ich meinen Partner lange haben will, muss ich
ihn schonen.
Sprichwort: „_Wer weit gehen will, muß sein Pferd
schonen._"
Wenn ich ihm seine Freiheit lasse, erwerbe ich meine
eigene Freiheit.

LEBEN IST EINE SUCHT.

Ich habe nur ein Leben.

Wenn ich richtig lebe, habe ich keine Probleme.

Wenn ich falsch lebe, habe ich viele Probleme.

Ich soll mir das Leben nicht immer so schwer machen.

Indem ich denke, werde ich feststellen, daß ich gar
keinen Schmerz habe.

Weil ich den Schmerz als Schutzbehauptung anrufe, um
nicht denken zu müssen.

Mit dem Bewußtsein habe ich weniger Schmerzen, weil
ich feststelle, daß ich mir den Schmerz künstlich
herbeirufe.

Nur mit dem Bewußtsein kann ich den Schmerz
verjagen.

Die Folgen habe ich in der Hand.

Ich soll richtig leben und glücklich sein.

LEBEN IST EINE SUCHT.